작심삼일과 **인연 끊기**

작심삼일과 인연 끊기

1판 1쇄 발행 │ 2017년 12월 13일

지은이 │ 하이디 그랜트 할버슨
옮긴이 │ 전해자
펴낸이 │ 이동희
펴낸곳 │ (주)에이지이십일
디자인 │ 롬디
일러스트 │ 추덕영

출판등록 │ 제2010-000249호(2004. 1. 20)
주소 │ 서울시 마포구 성미산로 2길 33 202호 (03996)
전화 │ 02-6933-6500 팩스 │ 02-6933-6505
홈페이지 │ www.eiji21.com
이메일 │ book@eiji21.com
ISBN 9788998342357 (03320)

작심삼일과 인연 끊기

9 things successful people do differently

작심하면 해내는 사람들의 사소한 그러나 위대한 행동 9가지

하이디 그랜트 할버슨 지음

전해자 옮김

어이지 ®

Contents

들어가는 글

지금까지 당신이 세웠던 숱한 계획 가운데 어떤 것은 성공적으로 목표를 달성했고, 또 어떤 것은 그렇지 못했을 것이다. 왜일까?

'글쎄, 아무리 생각해봐도 그 이유를 잘 모르겠는걸' 하고 고개를 갸우뚱할 수도 있다. 당신만의 이야기가 아니다. 엄청 눈부신 성공을 거둔 사람도 마찬가지다. 성공한 혹은 실패한 이유를 물어보면 대답이 너무나 허접하다. 무슨 이야기를 하려는 것인지 대충 감이 잡히는 대답이 있기는 하다. 이를 테면 특정 능력을 갖고 태어난 덕분에 성공한 것이고, 다른 사람에겐 그런 능력이 없었기 때문이라는 것.

그러나 그런 식의 대답은 수수께끼를 풀 아주 작은 조각일 뿐이다. 실제로는 어떨까? 성취와 관련하여 수십 년에 걸친 조사 연구가 보여주는 결과는 좀 다르다. 그에 따르면 작심하면 해내는 사람들이 사적인 목표나 업무상 목표를 달성할 수 있는 것은 물론 '그들이 어떤 사람이냐와 관련이 있기는 하다. 하지만 그보다 훨씬 더 많은 경우 성취는 '그들이 무엇을 하느냐'와 관련이 있다.

작심하면 해내는 사람들의 남다른 행동 9가지. 이 책의 주제다. 그들이 목표를 세우고 수행해나갈 때 활용하는 성공 전략에 관한 책이다. 때로 자신이 그러고 있는 줄도 모른 채 그들은 그렇게 행동한다. 앞서 언급한 수십 년간의 조사 연구에 따르면 그 전략이야말로 성공적인 목표 달성에서 가장 큰 영향력을 발휘한다.

동기부여motivation를 연구하는 과학 심리학자가 있다. 나도 그 가운데 한 사람이다. 우리는 이러한 전략의 효과와 한계를 규명하고 시험하기 위해 수천 편의 연구를 수행해왔다. 좋은 소식을 하나 전하겠다. 그 성공 전략이 매우 간단하고 활용하기도 무척 쉽다는 점이다.

이 책을 읽다 보면 "맞아! 맞아!" 무릎을 치는 순간이 제법 있을 것이다. 그런가 하면 "아하! 뭔 말인지 알겠네! 말 되는데." 고개를 끄덕이게 될 때도 있을 것이다. 때로는 "호오, 정말 몰랐는데!" 눈이 뜨일 때도 있을 것이다. 그런 순간을 지나 마침내 지금까지 당신이 해왔던 일에 통찰력을 얻을 것이다. 제대로 할 수 있었던 것은 무엇 덕분이었는지, 그리고 어떤 이유로 궤도를 벗어난 실수를 하게 되었는지 알 것이다. 무엇보다 중요한 것은 지금부터 당신은 그 지식을 유용하게 활용할 수 있을 것이라는 점이다.

#1

구체적인
목표를
세워라

Get Specific

일단 목표를 세웠다면 가능한 구체적으로 해보라.

'살을 좀 빼겠다.' 훌륭한 목표다. 하지만 그것보다
더 좋은 목표는 '몸무게를 3킬로그램 줄이겠다.'는 것
이다. 그렇게 하면 목표를 성공적으로 달성한다는 것
이 무엇인지 명확하게 떠올릴 수 있기 때문이다. 성취
하고 싶은 것이 무엇인지 정확하게 알고 있어야 그것
에 이를 때까지 의욕을 잃지 않을 수 있다.

아울러 목표에 도달하기 위해 구체적으로 어떤 행
동을 취해야 하는지도 생각해보라. 그저 '적게 먹겠다'
혹은 '잠을 더 많이 자겠다'는 다짐은 너무나 모호하
다. 행동 계획은 명확하고 꼼꼼하게! '주중엔 밤 10시
까지 잠자리에 들겠다'처럼 말이다. 이렇게 계획을 세
워두면 무엇을 해야 하는지, 그리고 그 행동을 했는

지 안 했는지 평가할 때 왈가왈부할 게 없다.

　다른 사람에게 그들의 목표가 무엇인지 물어볼 때마다 돌아오는 단골 대답이 있다. '일터에서 잘 나갔으면 좋겠다.' '식습관이 더 건강해지길 바란다.' '지출은 적게 저금은 많이 하는 게 목표다.' 그들에게 되묻는다. '아, 그렇군요. 그런데 그 목표를 성공적으로 달성한다는 건 어떤 건가요? 당신이 그 목표에 달성했다는 것을 어떻게 알 수 있지요?' 대개의 경우 혼란스런 표정과 함께 일시 정지 모드가 된다. 잠시 후 그들은 '그생각은 미처 해본 적이 없네요.'로 대답을 대신한다.

　시간을 들여 목표를 구체적으로 만들고, 달성하고자 하는 것이 정확히 무엇인지 조목조목 적어 보라. 미미한 성과에 만족한 채 '이 정도면 됐지'라고 스스로를 달랠 가능성을 줄일 수 있다. 또한 당신이 취해야 할 동선도 훨씬 더 분명해진다.

　예를 들어 나의 목표가 '어머니와 더 잘 지내는 것'
이라고 해보자. 그렇게 되기 위해 내가 무엇을 해야
하는지 명확하지가 않다. 이걸 좀 더 구체적으로 만
들면 어떨까? '적어도 일주일에 두 번은 엄마와 대화
하자.' 이렇게 하면 내가 무엇을 해야 하는지 얼마나
자주 해야 하는지 정확히 알 수 있다.

　수천 편의 연구가 보여주는 결과도 같은 맥락이다.
그 목표가 어떤 것이든 '구체적 구상'이야말로 성취하
는 데 가장 결정적인, 그러나 자주 간과되는 단계 중
하나라는 것이다.

　'직장에서 잘나가기'도 마찬가지다. 좀 더 구체적
으로 목표를 설정해보라. '적어도 ○○원 이상의 월급
인상' 혹은 '적어도 ○○직급까지 승진하기'처럼 목표
가 모호하면 어떻게든 쉬운 방법에 기대려는 유혹에

흔들리기 쉽다. 특히 스스로 게으르다고 느껴질 때, 왠지 기운이 축 처져 있을 때, 혹은 지루하고 따분한 기분이 들 때 그렇다. 그러나 목표를 구체적으로 설정해두면 스스로를 기만할 여지가 없다. 언제 목표를 달성했는지 혹은 못했는지 누구보다 자기 자신이 정확하게 알고 있기 때문이다. 만일 목표 지점에 도달하지 못했다면? 그리고 여전히 그 목표를 이루고 싶다면? 다시 목표를 이루기 위해 노력을 계속해가는 것 외에는 달리 선택의 여지가 없다.

목표, 즉 '내가 이루고 싶은 것, 하고 싶은 것'을 구체적으로 하는 것은 단지 첫 번째 단계일 뿐이다. 그 다음 해야 할 것이 있다. 그 과정에서 어떤 장애물이 놓여 있을지 구체적으로 그려보는 것이다. 실제로 당신이 해야 할 일은 성공 고지와 그곳에 이르는 계단 사이를 '오락가락'하는 것이다. 이 방법은 '심리적 대조*mental contrasting*'(머릿속에서 꿈(같은 미래)과 현실(의 장애물)을 번갈아 그려보기-옮긴이)라 불리는 전략이다. 목표 달성의 의지를 강화시키는 데 아주 효과적이다.

지금 한번 심리적 대조 기법을 직접 활용해보자. 먼저 당신이 원하는 목표를 이루었을 때 어떤 기분이 들지 상상해보라.

예를 들어 더 멋진 일을 하고 더 많은 월급을 받는 직장에 취직하는 것이 목표인 경우. 최고의 회사인 ○○로부터 파격적인 조건으로 스카우트 제안을 받게 된다면? 그때 당신이 느끼게 될 자부심과 흥분감을 상상해보는 것이다. 마음속으로 가능한 한 생생하게 아주 세밀하고 구체적으로 그려보라. 그런 다음 목표 지점에 이르는 과정에 놓인 장애물을 생각해보라. 앞의 경우라면 당신이 스카우트 제안을 받기까지 어떤 걸림돌이 놓여 있을까? 예를 들어 기라성 같은

후보들이 당신이 꿈꾸는 바로 그 자리에 대거 지원하
는 상황에 직면할 수도 있다. 이런 장면을 떠올리면
왠지 이력서를 좀 더 매력적으로 손보고 싶은 마음이
들지 않겠는가?

바로 '행동의 필요성$_{the\ necessity\ to\ act}$'을 경험하는 순간
이다. 목표를 달성하는 과정에서 이 경험은 아주 중
요하다. 성취해내는 데 필요한 행동을 기꺼이 취할
마음을 내도록 부추겨 주기 때문이다. 마치 백일몽처
럼 '그런 자리를 얻으면 얼마나 근사할까?' 하고 그려
보는 것은 무척이나 기분 좋은 경험이다. 하지만 그
런 경험이 실제로 그 자리를 얻게 해줄 리 만무다. '심
리적 대조' 기법은 그 꿈을 실현하기 위해 필요한 행
동에 주목하게 하고, 그것들이 어떤 것인지 명확하게
해준다. 마음속으로 그려보던 바람과 욕구는 그렇게
현실이 되어 간다.

나는 동료와 함께 다양한 상황에 처한 다양한 집단을 대상으로 성취에 대한 조사 연구를 수행한 바 있다. 수능 대비 막바지 준비 중인 학생들. 시간을 더 효율적으로 관리하고자 애쓰는 인재개발 팀원들. 데이트 상대를 찾으려는 싱글들. 소아 환자의 부모와 효과적으로 소통하고자 하는 소아과 간호사들.

대상은 달라도 결과는 늘 한결같았다. 심리적 대조 기법을 활용할 경우, 사람들은 확실히 더 많은 에너지를 갖고 더 열심히 노력하고 더 효과적으로 계획을 세운다. 전반적으로 목표를 달성하는 데 필요한 모든 것을 높은 수준으로 유지할 수 있다. 심리적 대조 기법에 따라 머릿속으로 원하는 미래와 극복해야 할 현실적인 장애물 사이를 오가길 반복해보라. 그 순간들 덕분에 당신은 성공에 이르는 방향과 성취하고자 할 동기를 찾게 될 것이다.

Get Specific

● 성공 비법 실천하기

목표는 구체적으로 세워라

1. 목표를 적는다.

예1) 나의 목표는 일터에서 잘나가는 것이다.

예2) 나의 목표는 몸무게를 줄이는 것이다.

2. 스스로 자문해본다. '성공적으로 목표를 이루었다는 것을 어떻게 알아채지?'
당신이 마침내 성공했다는 걸 알게 되는 그 순간을 묘사해보라.

예1) 내가 잘나가고 있다는 걸 알게 되는 때는 상사가 내게 팀장으로 승진한다고 알려주는 순간일 것이다.

예2) 내가 몸무게를 줄이는 데 성공했다는 걸 알게 되는 때는 8사이즈 청바지를 입는 순간이다.

3. 다시 앞으로 돌아가서 구체적 내용을 포함하여 목표
   를 재설정하라.

   예1) 나의 목표는 팀장급으로 승진하는 것이다

   예2) 나의 목표는 8사이즈 청바지를 입는 것이다.

4. 이제 가볍게 심리적 대조를 해보자.
   목표를 이루었을 때 그려지는 두 가지 장면을 생각해
   보라.
   그 과정에 놓여 있는 두 가지 장애물도 생각해보라.

   예1)의 경우

      희망 미래 - 나는 많은 돈을 벌게 될 것이다.

                - 나는 회사의 전략에 더 많은 영향력을 행사할 것이다.

장애물　　 - 나의 동료도 같은 자리를 노리고 있다.

　　　　　 - 상사가 어떤 능력을 지닌 팀장을 찾는지 잘 모르겠다.

5. 첫 번째 희망 미래에서 시작해보자.

　그런 경험을 한다는 게 과연 어떤 걸까? 두서너 문장
으로 적어 보라.

　다음은 첫 번째 장애물 들여다보기. 왜 그것이 문제
인지 두서너 문장으로 적어 보라.

　두 번째 희망 미래와 두 번째 장애물도 같은 작업을
해보라.

지금 어떤 기분이 드는가? 왠지 목표를 이룰 수 있는 좋
은 기회를 얻었다고 느껴지는가? 그렇다면 훨씬 의욕도
충만해지고 각오도 단단해진 느낌일 것이다. 자, 이제
다음 할 일은 뭐지? 심리적 대조를 활용하면 다음 단계
를 명확하게 이해할 수 있다.

#2

순간순간
목표를 실행할
기회를 포착하라

Seize the
Moment
to Act on
Your Goals

우리들 대부분이 처한 현실을 떠올려보자. 얼마나 바쁜지 곡예를 하듯 많은 목표를 한꺼번에 다루고 있다. 그런 상황이라면 일상 속에서 각각의 목표를 달성할 수 있는 기회를 놓치고 있다 한들 놀랄 일도 아니다. 기회가 찾아와도 알아챌 수가 없을 만큼 바쁠 테니까. 오늘 정말 운동할 시간이 없는가? 너무 바빠서 부재중 전화에 대답할 짬도 없다고? 목표를 달성한다는 것은 우리들 손가락 사이로 빠져나가기 전에 이러한 기회를 단단히 움켜잡는 것이다.

그 순간을 붙들려면 당신이 하고자 하는 행동을 언제 어디에서 취할 것인지 미리 결정해두어야 한다. 다시 말하지만 최대한 구체적이어야 한다.

예를 들면 '월요일, 수요일, 혹은 금요일이 되면 출

근하기 전 30분 정도 운동을 할 것이다.'

　연구 결과에 따르면 이런 방식으로 계획을 세우는 것이 뇌로 하여금 기회 포착의 순간을 탐지하고 놓치지 않게 해준다. 그렇게 되면 성공 가능성도 300퍼센트 증가한다.

　우리들 가운데 자신이 지닌 생산성을 충분히 발휘하며 사는 경우가 얼마나 될까? 아마도 아주 드물 것이다. 원하는 대로라면 레이저 수준의 정밀도로 중대한 일에 초집중해서 시간을 최대한 효율적으로 활용하려 들 것이다. 하지만 현실이 어디 그런가. 때로는 동료들 때문에 집중하기가 어렵고, 때로는 받은편지함 뒤지느라 시간 가는 줄 모른다. 혹은 중요하지도 않은 어떤 일에 너무 몰입할 때도 있다. 그럴 땐 차라리 아예 다른 일로 주의를 돌려보는 게 낫다.

좀 더 생산적이길 원하는가? 실제로 생산적인 결실을 거두기 위해서는 당신 자신을 그저 생산적으로 만드는 것만으로는 부족하다. 당신의 주의를 흩뜨리는 것들. 끼어드는 것들. 무엇보다 한 접시 위에 너무 많은 것을 올려두곤 하는 태도를 어떻게 하면 효과적으로 처리할지 방법까지 찾아놓아야 한다. 다행히 아주 간단한 전략이 하나 있다. 그것도 아주 오랫동안 효과를 입증받은 전략이다.

조건부로 계획하기if-then planning가 바로 그것이다. 어떤 목표든 달성하는 데 도움이 되는 아주 강력한 방법이다. 다이어트나 운동, 협상이나 시간 관리에 이르기까지 이에 대한 백 편이 넘는 연구 결과를 보면, 목표를 달성하기 위해 언제 어디에서 구체적으로 어떤 행동을 취할지 미리 결정해두면 성공 확률을 두 배 혹은 세 배까지 올릴 수 있다.

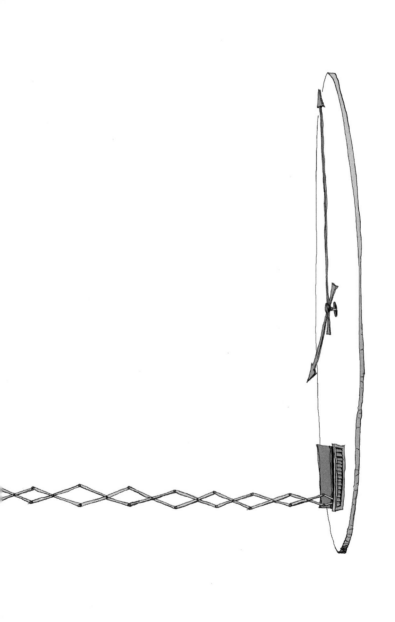

예를 들어 '오후 4시가 되면 나는 오늘 처리해야 할 회답 전화를 걸 것이다.' 현재 진행하고 있는 프로젝트를 제대로 해내고 싶은가? 당신의 건강을 증진시키고자 하는가? 혹은 관계 개선이 목표인가? 조건부 계획을 세워보라. 십중팔구 성공을 확실시하는 데 당신이 할 수 있는 가장 효과적인 행동이 될 것이다.

조건부 계획은 다음의 형식으로 세운다.

만일 X가 일어나면 나는 Y를 할 것이다.

예를 들어 보자.

내가 점심 식사 전에 보고서를 다 쓰지 못하면 집에 돌아오자마자 첫 번째로 그 일부터 할 것이다.

주위 동료가 말을 시켜 업무에 집중할 수 없다면
딱 5분만 이야기를 나눈 뒤 바로 업무 모드로 돌
아갈 것이다.

　　오후 6시가 되면
귀가하기 전에 회사의 헬스장에서 1시간 동안 운
동을 할 것이다.

　　이러한 계획은 얼마나 효과적일까? 규칙적으로 운
동하는 습관을 목표로 하는 이들을 관찰한 연구가 있
었다. 참가자 절반의 사람에게는 매주 언제 어디에서
운동할 것인지 계획을 짜보도록 했다.

　　예를 들면 '월요일, 수요일, 혹은 금요일이 되면 나
는 출근하기 전에 1시간 동안 헬스장에서 운동을 할
것이다'처럼.

　　그 결과는 놀라왔다. 몇 주가 지난 뒤 조건부 계획

을 세웠던 이들 가운데 91%가 여전히 규칙적으로 운동을 하고 있었다. 그런 계획을 세우지 않았던 나머지 참가자가 39%에 그친 것과 비교하면 아주 인상적이다. 다른 건강 증진 행동과 관련해서도 비슷한 결과가 나타났다. 한 달에 한 번 잊지 않고 자기 손으로 유방암을 진단하는 습관 들이기 프로젝트의 경우 조건부 계획을 세운 이들의 100%가, 그렇지 않은 이들의 53%가 계속하고 있었다. 자궁경부암 검사받기에서는 조건부 계획을 세운 이들 가운데 92%가, 그렇지 않은 이들은 60%가 성공적으로 실천하고 있었다.

이러한 계획이 그렇게나 효과적인 이유는 뭘까? 우리 뇌의 언어로, 즉 '만일의 사태'를 고려하여 쓰였기 때문이다. 인간이란 존재는 특히 '만일 X라면 Y할 것이다'와 같이 조건절로 된 정보를 입력하거나 기억하는 데 능하다. 그리고 그걸 행동 지침으로, 때로는 무의식적인 행동 지침으로도 활용한다. 일단 한번 조건부 계획을 머릿속에 공식화시켜 놓으면 뇌는 무의식적으로 주위 환경을 살펴본 뒤 당신이 계획한 만일의 상황이 있는지 탐색하기 시작한다. 이렇게 되면 결정적 순간이 되었을 때 그 기회를 붙잡을 수 있다. '오호, 오후 4시네! 회답 전화를 해야겠군.' 다른 일로 아주 바쁜 상황일지라도 말이다.

정확히 무엇을 해야 할지 결정했다면 그 다음부터는 훨씬 효율적으로 계획을 수행할 수 있다. 그에 대해 더 이상 신경 쓰지 않아도 되기 때문이다. 혹은 다음에 무엇을 해야 할지 고민하느라 시간을 허비하지 않아도 되기 때문이다.

물론 가끔이지만 신경 쓰일 때도 있다. 하지만 그건 계획대로 잘 실행하고 있다는 것을 깨닫는 순간일 것이다. 중요한 점은 더 이상 '반드시 신경 써야만 하는 것'이 아니라는 것이다. 이 말은 곧 당신이 다른 일로 바쁘더라도 계획은 계획대로 착착 수행해나갈 수 있다는 걸 의미한다. 믿지 못할 정도로 유용하다.

　일상의 삶 속에서 너무나 많은 중대 업무를 미처 성취하지 못한 채 또 하루를 보내고 있는 자신을 발견하게 되는가? 일을 제대로 처리할 기회를 놓치지 않기 위해 지금부터라도 좀 더 효율적인 시간 관리 습관을 삶에 적용할 필요가 있다고 생각하는가? 그렇다면 답을 멀리서 찾을 필요도 없다. 단순하게 계획을 세워보자. 목표를 수행하는 데 조건부 계획을 활용한다고 해서 실제로 하루에 더 많은 시간을 만들어낼 수 있는 것은 아니다. 하지만 그렇게 느껴질 것이란 점은 분명하다.

● 성공 비법 실천하기

조건부 계획을 세워라

1.

목표에 도달하기 위해 꼭 필요한 행동이 무엇인지 파악하라.

2.

그 행동을 언제 어디에서 실천할 것인가?

그걸 실천하지 못할 수도 있는 위급 상황은 무엇인가?

3.

위의 내용을 다음과 같이 공식화해보라.

만일 _____하면 / 되면

_____할 것이다.

예: 만일 월요일 오전 8시가 되면, 난 달리기를 하러 나갈 것이다.

4.

이제 당신을 궤도에서 이탈하게 할지도 모를 장애물을 생각해보라. 유혹일 수도 있고, 마음을 흩뜨리는 것일 수도 있다. 혹은 목표 수행 과정에 끼어드는 다른 요소일 수도 있다.

5.

그런 유혹이나 마음을 흩뜨리는 것이 찾아오면 어떻게 처리할 것인가?
그 대신 무엇을 하겠는가?

6.

그 모든 요소를 고려해서 다음과 같이 작성해보라.

만일 _____ 하면

_____ 할 것이다.

예: 만일 함께 일하는 이가 보낸 편지로 화가 난다면,

　　바로 답장을 보내기보다 차분하게 대응할 수 있도록 30분 정도 시간

　　을 갖겠다.

#3

얼마나
더 가야 하는지
정확히 알아둬라

Know Exactly
How Far
You Have
Left to Go

어떤 목표든 그것을 성취하는 데 필요한 게 있다. 수행하는 과정에 대한 정직하고 규칙적인 점검이다. 제대로 된 전략을 적용하고 있는가? 제대로 실천하고 있는가? 제대로 된 방향으로 가고 있는가? 잘 알고 있어야 한다. 그렇지 않으면 잘못된 방향, 잘못된 전략, 잘못된 행동을 하고 있을 때 고칠 수가 없다. 점검은 가능한 한 자주 해보라. 매주 혹은 매일 목표가 무엇인지에 따라 그 빈도를 정하라. 남을 시켜서 할 수도 있고, 자신이 직접 할 수도 있다.

목표를 달성하는 순간까지 성취 의욕을 잃지 않으려면 피드백 없이는 불가능하다. 어느 누구도 진공 상태에서는 편안하게 활동할 수 없다. 근원을 따져보

면 뇌의 연결 방식이 그렇게 만드는 것이다. 지금 있
는 곳과 다다르고자 하는 목표 지점이 일치하지 않을
경우 우리는 무의식적으로 그 간극의 존재에 꽂힌다.
뇌는 불일치한 무엇인가를 탐지하면 그에 대응하려
고 동원할 수 있는 모든 자원을 쏟아붇는다. 주의, 노
력, 심도 깊은 정보 처리, 의지력.

　자신이 얼마나 잘하고 있는지 모를 때가 있다. 혹
은 목표를 생각하면 참 안 된 말이지만 지금 어디에
있는지조차 모를 때도 있다. 그럴 땐 목표와 현실 간
의 간극도 분명치가 않다. 그 결과 완전히 나자빠질
정도는 아니라 하더라도 해내려는 의욕은 점차 줄어
들 것이다. 뭔가 행동을 취해야 할 필요가 있다는 신
호가 바로 간극이다. 그 간극 없이는 어떤 일도 생기
지 않는다.

일단 목표 달성을 위한 행동에 착수하다 보면 좀 더 자주 피드백을 받아볼 필요를 느낄 것이다. 제대로 진척되고 있는 것은 무엇인지, 그렇지 못한 것은 또 무엇인지 지속적으로 명확하게 파악하기 위해서다. 만일 다른 어떤 사람으로부터도 피드백을 받지 않는다면, 자기 점검을 통해 스스로 얻어내는 것 외에는 달리 방법이 없다.

　진행 과정 평가는 얼마나 자주 해야 하는 걸까? 불행히도 경험이 일러주는 간단 명쾌한 규칙 같은 것은 없다. 최적의 빈도는 목표 달성 기간에 따라 달라진다. 이번 주 안에 원하는 목표를 성취하고자 하는가? 올해 안에? 아니면 5년 내로? 장기 목표라면 평가 빈도를 여유 있게 설정해도 좋다. 하지만 단기 목표라면 당신이 제대로 가고 있는지 확신하기 위해 좀 더 자주 과정을 점검할 필요가 있다. 실수할 짬, 정확히 말하자면 시간이 없기 때문이다.

피드백 빈도는 학습곡선*learning curve*(가로축에는 반복된 횟수인 시행수(試行數)나 진행수를 나타내고 세로축에는 각종 학습측도(學習測度)를 나타내어 학습의 과정을 제시하는 곡선, 출처: 생명과학사전)상 지금 당신이 어디에 있느냐에 따라 달라져야 한다. 최근 연구 조사에서는 처음으로 뭔가에 감을 잡아보려고 할 때는 자기 점검에 지나치게 매달리지 말 것을 제안한다. 뭔가 새롭고 낯선 일을 할 때 피드백을 하겠다고 지금 하고 있는 것에서 주의를 돌린다는 것은 무엇보다 큰 차질을 초래하는 행동 중 하나다. 인지적, 감정적으로 많은 소모가 필요한 행위이기 때문이다. 자칫 학습과 목표 수행을 방해할 수 있다. 그러니 무엇을 어떻게 해야 할지 감을 잡기 전까지는 자기 점검은 최소화할 필요가 있다.

자기 점검이나 피드백 구하기가 그렇게나 중요하다는데, 왜 우리는 그동안 그렇게 하지 않았던 걸까. 의아해할 만하다. 가장 먼저 꼽아야 할 명백한 이유가 있다. 노력이 필요하기 때문이다. 그러려면 당신이 지금 무슨 일을 하고 있든 간에 그 일을 멈추고 평가에만 집중해야 한다. 그리고 또 다른 이유. 수행의 결과가 항상 긍정적이진 않을 터다. 그 경우 너무나 미미한 진척 사항을 직면하고 싶지 않아서 과정 평가를 회피할 때도 있다. 욕실 저울에 올라가 몸무게를 재보는 게 영 내키지 않은 적이 있는가? 딱 그런 심정이다. 자기 점검이란 이렇게나 엄청난 의지를 필요로 한다. 이럴 때 조건부 계획을 활용하면 힘든 일을 쉽게 해낼 수 있다.

　평가를 진행하는 데 있어서 좀 더 본질적으로 짚어봐야 할 사항이 있다. 만일 제대로 된 방식으로 일을 처리한다면 시작에서 마무리까지 의욕적으로 임할 수 있다. 그러나 그 방식이 잘못된 것이라면? 섣불리 어설픈 성취감을 갖게 해서 실제로 수행 과정에서는 의욕을 떨어뜨리는 결과를 초래할 수도 있다. 미국 시카고 대학교 심리학과 구민정 교수와 에일럿 피시바흐Ayelet Fishbach 팀의 최근 연구 결과를 소개한다. 그에 따르면 목표 성취 여부는 다음 두 가지 질문 중 어디에 더 집중하느냐에 따라 영향을 받는다는 것이다.

지금까지 얼마나 진행되었는가?(기존성과 중심 사고to-date thinking) 혹은 목표 지점까지 얼마나 더 남았는가?(향후 성취 중심 사고to-go thinking) 과정을 평가하면 일상에서 정기적으로 두 가지 질문을 고루 생각해보게 된다. 마라톤 주자의 경우 지금까지 몇 킬로미터를 왔는지 생각하며 달릴 수도 있고, 결승점까지 몇 킬로미터가 남았는지 생각하며 달릴 수도 있는 것처럼, 몸무게를 10킬로그램 감량하고 싶어 다이어트를 하는 사람이라면 5킬로그램쯤 뺐을 때 '이만큼 뺐는데 뭐' 그쯤해서 그만두고 싶은 유혹과 싸우게 될 수도 있다. 아니면 이제 남은 5킬로그램을 생각하며 계속할 수도 있다.

구민정 교수와 에일럿 피시바흐 교수의 공동 연구가 일관되게 보여주는 것이 있다. 우리가 목표를 추구하는 과정에서 지금까지 이루어낸 진척 성과만을 염두에 둘 때 섣부른 성취감을 느끼게 되고, 그로 인해 태만해지기 시작한다는 것이다.

예를 들어보자. 중요한 시험을 준비 중인 대학생을 대상으로 한 연구 결과다. 이미 48% 시험 준비를 했다고 알려준 학생들의 경우, 이제 공부할 시험 준비 중 52% 남았다고 말해준 학생들에 비해 유의미한 수준으로 성취 의욕이 낮아졌다.

우리가 이미 지난 과정에 초점을 맞추면 다른 중요

한 목표의 진행과 '균형' 감각을 맞추려고 들 가능성이 크다. 그 결과 화덕에 너무 많은 솥을 올려놓은 꼴이 되고 만다. 그 어떤 것도 식탁에 올릴 수 있는 건 하나도 없다.

반면 목표 지점까지 앞으로 얼마나 더 남았는지에 초점을 맞춘다면 어떨까? 향후 성취 중심 사고 의욕이 지속될 뿐만 아니라 점점 고양되어 갈 것이다. 그러니 자신의 성취 과정을 평가할 때는 목표에 초점을 맞추되 너무 일찍 자축하는 건 경계할 일이다. 샴페인은 잘 챙겨두었다가 일이 제대로 완전히 이루어진 순간 그때 터뜨리자.

● 성공 비법 실천하기

목표 수행 과정을 지속적으로 점검하라

1.

목표 지점까지 얼마나 진척되었는지 얼마나 자주 평가할 것인지 결정하라.

이때 약간의 시행착오를 각오하는 게 좋다. 당황해하지 말길. 그 과정에서 더 자주 피드백을 받아야 할 것처럼 느껴질 수도 있다.

2.

진행 평가에 필요한 정보를 어디에서 어떻게 구할지 생각해두라. 완전히 혼자 하는 자기 점검이 가능한가? 혹은 객관적인 의견이나 다른 사람의 전문 조언이 필요한가?

3.

자기 점검을 하려 할 경우 스스로에게 이 일정을 상기시

킬 기제를 마련해두라. 달력에 기입해둘 수도 있고, 포스트잇을 활용할 수도 있다. 아니면 특정 시점에 진도를 체크할 수 있도록 조건부 계획 일정을 세워둘 수도 있다.

'꼭 기억해야지'라는 식으로 다짐하는 것은 추천하지 않는다. 당신은 너무나 바쁘다. 십중팔구 안 할 가능성이 높다.

4.

끝까지 성취 의욕을 잃지 않으려면 수행 점검은 항상 다음의 것을 생각하는 것으로 마무리하라.

목표 지점에 닿기 위해 여전히 필요한 것은 무엇인가? 지금까지 얼마나 진척이 이루어졌나보다는 이제 얼마나 더 가면 되는가?

#4

현실적인
낙관론자가
되어라

Be a Realistic
optimist

목표를 설정할 때는 어떤 수단과 방법을 동원해서라도 최대한 긍정적으로 당신이 그 목표를 성취할 것 같은 예감을 갖도록 하라. 자신의 성공 능력을 믿는다는 것은 성취 의욕을 갖고 끝까지 임하게 하는 데 많은 도움이 된다. 그러나 무엇을 하든 목표 지점에 도달하는 과정의 어려움을 너무 낮잡아보지는 마라. 성취할 가치가 있는 대부분의 목표는 시간과 계획, 노력, 인내를 요한다. 연구 결과에 따르면 별다른 노력 없이 너무 쉽게 목표를 이룰 수 있으리라고 생각하면, 자연히 앞으로의 그 긴 여정에 대한 준비가 소홀할 수밖에 없다는 것이다. 그렇게 되면 실패 가능성도 현저하게 높아지게 마련이다.

꽤 많은 동기 유발 전문 강연자나 자기개발 관련 책이 입을 모아 전하는 메시지가 있다. 성공이 그대에게 쉽게 오리라 믿으라. 그러면 그리 될 것이다. 하지만 이러한 주장은 한 가지 문제점을 드러낸다. 불행히도 그들 중 누구도 이 지점에서 예외가 없어 보인다. 그 메시지가 완전히 거짓이라는 점이다.

사실 '노력 없는 성공'을 눈앞에 그리는 것은 도움이 되지 않을 뿐만 아니라 끔찍하기까지 하다. 누군가의 성공을 방해하려고 애쓰는 중이 아니라면 그건 좋은 조언이 아니다. 실패에 대한 영수증이라고나 할까. 절대로 과장하는 게 아니다.

어떻게 그럴 수 있느냐고? 낙관주의는 좋은 거 아닌가? 맞다. 낙관주의와 그것이 만들어내는 확신은 목표 지점에 닿도록 지속적으로 성취 의욕을 고취시키는 데 아주 중요하다. 낙관주의자는 신체적으로도 건강하다. 질병으로부터도 금세 회복된다. 우울한 감정에 쉽게 휘둘리지도 않는다. 일의 우선순위를 정하는 것이랄지 많은 일을 한꺼번에 처리하는 데도 능숙하다. 역경이나 어려운 문제에도 훨씬 쉽게 적응하기도 한다.

생각해보면 이건 놀랍지도 않다. 앨버트 반두라 Albert Bandura는 과학심리학 분야의 창시자 가운데 한 사람이다. 그가 수십 년 전에 발견한 사실이 있다. 개인의 성공을 가장 잘 예측할 수 있는 것은 스스로 자신의 성공을 얼마나 굳게 믿는가 하는 점이다. 낙관주의자가 자연스럽게 하는 행동이다. 훗날 그와 관련된 실험이 수천, 수만 건 이루어졌지만 이를 반박할 만한 결과는 아직 없었다.

　　그러나 한 가지 종종 간과되는 중요한 경고가 있다. 결과가 좋으려면, 성공하리라는 믿음과 쉽게 성공하리라는 믿음이 결정적으로 얼마나 다른 것인지 이해해야 한다! 달리 말하자면 현실적인 낙관주의자가 된다는 것과 비현실적인 낙관주의자가 된다는 것의 차이를 잊지 말라는 것이다.

　　반두라가 이야기하는 유형인 '현실적인 낙관주의자'는 자신들이 끝내 성공하리라 믿는다. 그러나 그 성공은 그냥 주어지는 것이 아니다. 그러한 결과를 이끌어내고자 하는 노력, 신중한 계획, 끈기, 올바른 전략 등이 필요하다고 그들은 확신한다. 성취 과정에서 예상되는 장애물에 어떻게 대처할지 진지하게 숙고해야 할 필요성까지 그들은 인지하고 있다. 이처럼 만반의 준비를 하다 보면 자기 자신의 성취 능력을 점점 더 확신하게 될 터다.

반면에 '비현실적인 낙관주의자'는 어떠한가. 그들은 성공이 자신들에게 당연히 일어나게 되어 있다고 확신한다. 자신들의 긍정적 사고에 대한 우주의 보상과 같은 것, 그것이 그들이 생각하는 성공이다. 자고 일어나면 눈앞의 장애물이 삶에서 모조리 사라지리라 믿는다.

슈퍼맨조차 크립토나이트 같은 약점이 있다는 사실 따위는 그들의 안중에도 없다. 어디 약점뿐이랴. 그 정체를 감추기 위해 슈퍼맨은 또 얼마나 애쓰야 했는가. 관계를 맺거나 유지하는 데도 문제가 한둘이 아니었다.

비현실적인 낙관주의의 위험을 명확하게 보여주는 예 가운데 하나가 몸무게 감량에 대한 연구 결과다. 심리학자 가브리엘 외팅겐Gabriele Oettingen 교수는 몸무게를 줄이는 프로그램에 등록한 비만 여성에게 그들이 목표 감량에 성공할 수 있을 것 같은지 물었다.

결과적으로 긍정적 대답을 한 여성의 경우 그렇지 못한 여성에 비해 평균 11.8킬로그램을 더 감량했다는 사실을 확인했다.

그런데 외팅겐 교수는 긍정적 대답을 했던 여성들에게 또 다른 질문을 던졌다. 목표를 달성하는 과정이 어떨 것 같은가? 가령 유혹을 뿌리치느라 힘든 시간을 보내게 될 것 같은가? 혹은 회의장에서 무료 도넛을 나눠준다면 거뜬히 거절할 것 같은가? 아니면 무제한 뷔페에서 접시 들고 두 번째 순회를 하게 될 것 같은가? 감량 성취 과정을 공원 산책 정도로 쉽게 생각하는 쪽과 결코 만만치 않으리라 각오하는 쪽으로 나뉘었다. 그 결과는 놀라울 정도다. 쉽게 성공하리라 믿었던 쪽이 평균 11킬로그램이나 덜 뺐다.

외팅겐 교수가 발견한 이 같은 패턴의 결과는 대학

졸업 후 고소득 직업을 갖길 원하는 학생, 변치 않은 사랑을 찾는 싱글, 고관절 수술을 받고 회복 중인 어르신을 대상으로 하는 연구에서도 동일하게 나타났다. 그들 가운데 현실적인 낙관주의자는 다른 사람에 비해 더 많은 회사에 입사 지원서를 냈고, 가능성 있는 연애 상대에게 다가가는 데 더 많은 용기를 냈고, 더 열심히 재활 운동에 임했다. 각각의 경우 이러한 태도는 훨씬 더 높은 성공률로 이어졌다.

성공으로 가는 길이 험난하리라 믿는다는 것은 더 큰 성공으로 이어지게 마련이다. 그에 대한 대비책을 마련하게 될 터니까. 자신들이 성공하리라 믿는 것만큼 성공이 쉽게 오지 않으리라 확신하는 사람은 더 많은 노력을 한다. 문제가 발생하기 전에 어떻게 대처할지 계획을 세운다. 어떤 어려움에 직면할지라도 더 오래 버텨낸다.

반면 비현실적인 낙관주의자는 목표 지점에 도달하는 여정에서 발생할 수 있는 모든 경우의 수를 제대로 고려하지 않는 경향이 있다. 그 과정에서 직면하게 될 것에 숙고하지 않는 무모함을 보이기 일쑤다. 누군가 그에 대해 용기를 내서 염려를 털어놓거나 의구심을 품을 때, 혹은 목표 지점에 이르는 과정에 놓여 있을 장애물을 너무나 오랫동안 곱씹고 있을 때 '넌 너무 부정적이야.'라고 말해줄 수도 없을 정도로 비현실적 낙관주의자는 그저 너무나 행복할 뿐이다. 사실 이런 사고방식은 성공을 위한 어떤 노력에서든 반드시 필요한 단계이긴 하다. 결코 성공을 확신하는 낙관주의에 반대하는 것이 아니다. 다만 원하는 것에만 초점을 맞춘 채 다른 모든 것을 배제한다면 그건 단지 지나치게 현실에 무지하고 무모한 생각일 뿐이라는 것이다. 지금까지 적잖은, 때로는 모든 업계 선두주자가 이러한 사고방식으로 곤경에 빠지곤 했다.

　　그렇다면 현실적인 낙관주의 태도는 어떻게 길러
지는가? 긍정적 태도에 덧붙여 당신을 기다리고 있는
현실적인 난제에 솔직한 평가를 하면 된다. 눈앞에
그저 성공만을 그려보기보다 그런 긍정적 성과를 거
두기 위해 단계별로 당신이 취해야 할 것을 생생하게
그려보라.

● 성공 비법 실천하기

현실적인 낙관주의자가 되어라

1.

당신의 성공 확신을 높이기 위한 가장 효과적인 단일 방식은 아마도 과거의 성공을 돌아보는 것이리라. 혹여 자신의 성공 능력에 불신으로 가득 차 있다면, 잠시 시간을 내서 과거 자신이 성취했던 목표를 떠올려보라. 그여정에서 당신이 극복해낸 장애물을 들여다보라. 이 과정을 조건부 계획의 형식으로 재구성할 수도 있다.

만일 내 자신이 의심스럽다면 나는 내가..................했던 때를 떠올릴 것이다. 기존 연구에 따르면 이러한 방식은 특히 걱정 많은 수험생이나 시합을 앞둔 초조한 육상선수들이 확신을 키우는 데 매우 효과적인 전략이다.

2.

당신의 낙관주의를 현실적인 것으로 만들려면 목표를

달성해가는 과정에서 마주칠 가능성이 높은 장애물, 난
관, 차질을 신중하게 고려하라. 그만큼 중요한 것이 또
있다. 당신이 각각의 현실적 난항에 어떻게 대처해나갈
것인지 눈앞에 생생하게 그려보는 것이다. 만일 당신이
애초 계획했던 전략이 제대로 작동하지 않는다면 플랜
B는 무엇인가? 이 지점은 조건부 계획 방식을 활용할 또
다른 적기다. 염두에 둘 것은 직면할 가능성이 높은 문
제를 숙고하는 것은 부정적인 게 아니라는 사실이다. 그
렇게 하지 않는 것이 오히려 어리석은 짓임을 기억하라.

#5

능력 입증보다
성장에
초점을 맞춰라

Focus on
Getting Better,
Rather Than
Being Good

자신이 이미 목표를 성취할 능력을 갖고 있음을 아는 것은 중요하다. 그러나 그만큼 중요한 것이 그러한 성취 능력을 더 키울 수도 있음을 믿는 것이다. 대개 우리는 자신의 지능이나 개성, 신체 적성이라는 게 고정되어 있다고 확신한다. 그리고 그런 것들 때문에 우리가 무슨 일을 하든 개선되지 않으리라 지레 단정한다. 그 결과 우리는 새로운 역량을 개발시키고 습득하는 것을 목표로 하기보다 어떻게든 자신을 입증하는 것을 목표로 삼는 데 오로지 치중한다.

다행스럽게도 수십 년에 걸친 연구 조사가 전하는 바에 의하면, 고정 불변의 능력에 대한 믿음은 완전히 틀렸다는 것이다. 어떤 종류의 능력이건 그것들은 큰 폭으로 신장될 수 있다. 당신이 바뀔 수도 있다는 사실을 받아들이면 더 나은 선택을 할 수 있다. 당신이 가진 잠재력을 더 크게 발휘할 수도 있다. 그저 자신이 지닌 능력을 증명하기보다 성장해나가는 것을 목표로 하는 사람들은, 닥치는 난관에도 침착하게 잘 대처해나가고 목표 지점에 이르는 여정을 충분히 이해하고 헤아린다.

직장인의 경우 어떤 이들은 승진 사다리를 오르는 데 도움이 되기를 바라는 마음에서 적극적으로 새로운 도전에 임한다. 반면에 대다수 사람은 혹시나 큰 실수를 할까 두려워 굳이 책임질 일을 만들지 않고 그저 생존하기 위해 애쓰고 있을 뿐이다. 생각해보면 새롭고 낯선 것을 책임진다는 것은 두려운 일이긴 하다. 예전에 경험한 적이 없는 것을 할 때는 실수할 공산이 크기 때문이다. 그리고 보면 사람들이 '새로운'

과제를 대할 때 별로 열정적이지 않다는 것이 그다지 놀랄 일도 아니다.

당신이라면 책임져야 할 새로운 일에 임하면서 성취 의욕과 확신을 갖도록 스스로를 어떻게 격려하겠는가? 별로 놀랍지는 않겠지만 방법은 아주 간단하다. 자신에게 실수와 실패의 가능성을 허락하는 것이다.

듣고 흥분할 정도로 신나는 방법은 아닐지도 모르겠다. 어쩌면 듣자마자 바로 드는 생각이 '뭔 소리야, 망치면 그 대가도 내가 다 치러야 할 텐데' 아닐까. 하지만 그런 거라면 걱정할 것 없다. 연구 결과에 따르면, 사람들은 실수를 해도 좋다고 허락을 받았다고 느낄 경우 훨씬 덜 실수한다고 한다. 좀 더 설명해보겠다.

대개 사람들은 두 가지 유형의 목표 중 하나를 염두에 두고 임무에 도전한다. 첫 번째 유형은 내가 '능력 입증be-good 목표'라고 부르는 것이다. 이 경우의 초점은 자신이 얼마나 많은 능력을 갖고 있는지 입증하는 데 모아진다. 그리고 스스로 무엇을 할 것인지 이미 다 알고 있다. 두 번째 유형은 '경험을 통한 성장get-better 목표'라고 부르는 것이다. 이 경우의 초점은 자신의 능력을 발전시키고 새로운 역량을 익히기 위한 배움에 모아진다.

능력 입증을 목표로 할 경우 심각한 문제가 있다. 뭔가 낯설고 힘든 일에 직면할 때 역효과를 내기 십상이라는 것이다. 그런 상황이 닥치면 곧바로 하고 있는 일을 실제로는 자신이 잘 모르고 있다고 생각하게 된다. 능력이 부족하다는 느낌도 든다. 그러다 보면 이런저런 많은 불안이 생기게 마련이다. 수많은 연구가 입증한 바에 의하면, 불안만큼 수행 능력에 큰 악영향을 주는 것도 없다. 한마디로 생산성 킬러다.

반면 성장을 목표로 할 경우는 어떠한가. 한마디로 실천의 측면에서 완벽하다. 경험을 통해 배우고 익힌다는 관점에서 무언가를 하고 있다고 생각하면, 그 과정에서 이런저런 실수를 저지를 수도 있다는 걸 받아들이면 어떤 난관이 닥치더라도 여전히 의욕적으로 목표를 향해 나아갈 수 있다.

한 가지 예로 나의 경험을 나누겠다. 몇 년 전의 일이다. 리하이 대학교Lehigh Univ.에서 로라 질러티Laura Gelety 교수와 공동으로 진행한 연구가 있다. 그때 발견한 사실이 있다. 능력 입증 목표를 추구하는, 즉 그들이 이미 얼마나 똑똑한지 보여주려 애쓰는 사람들은 문제 해결 능력을 테스트하는 과정에서 시험 상황을 어렵게 할 경우(시험 보는 동안 자주 끼어든다거나 풀 수 없는 문제를 추가로 더 낸다든가 하는 식) 아주 낮은 성과를 냈다는 점이다.

놀라운 사실은 성장을 목표로 하는, 즉 시험이라는 것을 새로운 문제 해결 능력을 배우는 기회로 여기는 이들의 경우, 우리가 어떤 술책을 써도 그에 별로 휘둘리지 않았다는 것이다. 우리가 상황을 얼마나 어렵게 만들든 상관없이 이 유형의 참가자는 여전히 의욕적이었고, 그 결과 성과도 좋았다.

우리들 대다수는 새로운 프로젝트나 목표에 도전할 때 뭔가 완전무결하게 해낼 수 있기를 기대한다. 그 도전이 얼마나 어려운 것이든 상관없이 말이다. 우리가 얼마나 잘난 사람인지 드러내는 데 온통 마음을 쏟는다. 기대에 부응하지 못할지도 모른다는, 그야말로 현실적인 전망은 생각만 해도 끔찍할 지경이다. 역설적이게도 능력을 입증해야 한다는 압박감 때문에 더 많은 실수를 하게 된다는 사실이다. 성장이 목표인 경우보다 성과도 훨씬 저조하다.

그런데 그게 다가 아니다. 관련 연구 조사에 따르면 더 나은 나로 성장하는 데 초점을 맞출 경우 일을 수행하는 경륜도 향상된다. 완벽이 아닌 성장 혹은 진보의 관점에서 일을 생각하면 자연스럽게 좀 더 흥미롭고 즐길 만한 것을 찾게 된다. 혹여 일을 하며 흥미를 느낀다는 게 사치라고 생각할까봐 한마디 더하면 단언컨대 사치가 아니다. 흥미는 강력한 동기 유발자다. 하는 일에서 흥미와 가치를 찾을 수 있다면 그것이 난관이나 좌절, 혹은 예상치 못한 막다른 길에 직면해서도 여전히 성취 의욕을 불태우게 하는 아주 효과적인 방법 가운데 하나다. 사실 최근 일련의 연구들만 봐도 그렇다. 흥미는 당신이 지치더라도 계

속 나아가게 해주는 원동력이 된다. 그뿐 아니라 실
질적으로 기운을 북돋워 재충전하는 기능도 한다.

　캘리포니아 주립대학 심리학과에서는 참가자들
에게 꽤나 진이 빠지는 과제를 내주는 실험을 진행한
바 있다. 실험은 대상을 둘로 나누어 과제를 다르게
내주었다. 한 팀에게는 어렵지만 흥미로운 주제, 다
른 한 팀에게는 쉽지만 재미없는 주제로. 그 결과 연
구진이 밝혀낸 사실은 흥미로운 과제를 부여받은 팀
은 실제로 더 어려웠음에도 불구하고 지루한 과제를
수행한 팀에 비해 더 많은 노력을 기울였고 성과도
훨씬 좋았다는 점이다. 바꿔 말하자면 흥미로운 경험
은 에너지를 재충전해주고 눈에 보이는 실리를 얻게
해준다는 것이다.

　또 다른 실험 조사에서는 흥미로운 경험을 한 그룹

의 경우, 그 다음 과제에서도 역시 훨씬 나은 성적을 거둔다는 결과가 나왔다. 달리 말해 과제A를 흥미롭게 느낄 경우 그 일을 더 잘하게 될 뿐만 아니라, 그에 수반되는 과제B까지 잘하게 된다는 것이다. 과제A가 재미있게 느껴진 덕분이다! 과제 A를 수행하는 동안 재충전된 에너지가 다음에 무슨 일을 하든 이어진다는 뜻이다.

한편 이러한 일련의 연구에서는 각각 흥미나 좋은 기분이 미치는 영향이 무엇인지 비교 분석했다. 그 결과 사람들은 행복감을 통해 에너지를 재충전하기도 하지만, 그들이 수행하는 일에 흥미를 느낄 때 더 많은 에너지를 재충전받는다는 사실을 알았다. 즉 몰입감이야말로 에너지 탱크를 가득 채워두는 가장 좋은 방법이라는 것이다.

기억해야 할 것이 있다. 모든 것을 처음부터 완벽하게 하지 않아도 된다는 걸 자신에게 허용할 때, 학습 과정이라는 게 성장-정체-도약 과정을 보여주는 곡선을 그린다는 사실을 받아들일 때, 그리고 개선과 성장을 하려면 시간이 걸린다는 사실을 인정할 때 비로소 특정 상황에서 느끼는 불안감에서 벗어날 수 있다는 것이다.

업무에서도 마찬가지다. 흥미로우면서도 돈을 많이 버는 일 혹은 보람된 일을 잘 연결할 수 있을 것이다. 그렇게 되면 성공 의욕도 고취될 뿐만 아니라 실수를 저지를 가능성도 현저히 낮아진다.

● 성공 비법 실천하기

능력 입증보다 경험을 통한 성장에 초점을 맞춰라

1.

어렵거나 낯선 프로젝트를 수행할 때 그것을 제대로 다루기까지는 시간이 필요하다는 사실을 명심하라. 몇 번의 실수를 하게 될지도 모른다. 그래도 괜찮다.

2.

주변의 전문가를 활용하라. 문제 상황에 봉착했을 때 그들에게 도움을 요청하는 걸 두려워하지 마라. 사람들은 당신의 그런 모습을 부정적으로 보기보다 긍정적으로 여길 것이다.

3.

자신과 현재 자신의 수행 능력을 남과 비교하지 마라. 그보다는 자신의 과거 수행 능력과 비교하라. 나아지고 있는가? 중요한 건 바로 그 질문이다.

이 질문에 대한 답이 '아니다'라면 2를 보라.

#6

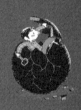

끝까지
해내겠다는
집념을 가져라

Have Grit

집념이란 장기 목표를 헌신적으로 수행해나가고 자 하는 의지다. 어려움에 직면하더라도 포기하지 않 고 지속해나가는 의지다. 연구 결과에 따르면, 집념 어린 사람은 평생 더 많은 교육 기회를 얻는다. 대학 평점도 높다. 웨스트포인트 사관학교의 첫 한 해는 혹독하기로 소문나 있다. 집념이 강한 사관생도들은 어떤 상황에서도 발군의 실력을 발휘한다고 한다. 실 제로 어느 정도의 집념을 가지고 있는지만 봐도 그가 전미 스크립스^{Scripps} 철자 맞추기 대회에 나가서 어느 단계까지 진출할 수 있을지 예견할 수 있다.

좋은 소식이 있다. 현재 그다지 집념이나 끈기가 있는 편이 아니더라도 할 수 있는 게 있다는 사실이다. 집념이 없는 사람의 경우 그렇지 않은 사람보다 자신에게는 성공하는 사람이 지닌 타고난 능력 같은 것이 없다고 믿는 경향이 있다. 당신도 그렇게 생각하는가? 만일 그렇다면 달리 좋게 표현할 방법이 없다. 당신 생각이 틀렸다! 앞서 언급한 바와 같이 성공하는 데 정말 필요한 것은 노력, 계획, 끈기, 좋은 전략이다. 이 말을 머리가 아닌 마음으로 받아들인다면 자신과 자신의 목표를 훨씬 정확하게 성찰하는 데도 도움이 될 뿐만 아니라 집념을 키우는 데도 큰 효과가 있다.

우리 모두는 뛰어난 능력을 드러내는 이들에게 깊은 감명을 받는다. 프로 육상선수들, 컴퓨터 귀재들, 수학 천재들, 용감무쌍한 창업가들, 기량이 뛰어난 음악가들, 재능 있는 작가들. 이러한 이들은 두루 흠모의 대상이 된다. 그들의 남다른 적성을 모두가 갖고 싶어 하기 때문이다. 우리 역시 그들이 좀 부럽다. 그들처럼 좀 더 똑똑했으면, 좀 더 창의적이었으면, 좀 더 의사소통을 잘했으면, 혹은 좀 더 처세술에 능했으면 하는 바람을 갖지 않은 사람을 찾기란 여간 어려운 일이 아닐 것이다.

스탠포드 대학 심리학과 캐롤 드웩Carol Dweck 교수는 연구를 통해 다음의 결과를 얻어냈다. 사람들은 능력의 본질에 대한 두 가지 이론 중 하나를 지지한다는 사실이다. 고정실체론Entity theory 아니면 점증론Incremental theory.

고정실체론을 지지하는 이들은 그들의 능력이 고정되어 있으며 타고나는 것이라고 믿는다. 그들은 자신의 수행 능력이라는 것도 그다지 변할 가능성이 없다고 예상한다. 달리 말하자면 자신에겐 딱 그만큼의 지능, 혹은 창의력이나 매력이 있을 뿐이며, 그와 관련해서는 어떻게 달리 해볼 도리가 없다는 것이다. 그런데 그 이론은 틀렸다. 능력이라는 게 그런 식으로 작동하는 게 아니다.

반면 점증론을 지지하는 이들은, 능력이란 키우고 신장할 수 있는 것이라고 확신한다. 노력과 경험을 통해 변할 수 있는 것이 능력이다. 이를 입증하는 정황을 보면 이 이론이 확실히 맞다. 더 많은 능력을 원한다면 더 많은 능력을 키울 수 있다. 필요한 것은 그래야겠다는 집념이다.

집념. 심리학자는 이 말을 장기 목표를 추구하는 끈기와 노력을 나타내는 단어로 쓴다. 지금까지 육상선수, 음악가, 수학자, 발명가들 가운데 목표를 성취해내는 이들을 대상으로 한 연구가 꾸준히 진행되어왔다. 그 결론에 따르면, 성공과 능력 향상의 열쇠는 계획에 따른 차근차근한 실천, 그리고 필요 역량과 지식을 숙지하는 데 들이는 오랜 시간이다. 그런 종류의 실천은 집념 없이는 불가능하다.

집념. 난관에 봉착하더라도 포기하지 않는 것은 바로 이 집념 때문이다. 피곤할 때도 낙심한 때도 혹은 그저 재미없다고 느껴질 때도 집념이 우리를 계속하게 만든다. 정말 포기할지 말지를 예견할 수 있는 가장 좋은 방법이 있다. '난관'을 어떻게 설명하는지 보면 된다. 힘든 시간을 보낼 때 당신은 무엇을 탓하는가?

고정실체론을 지지하는 이들은 능력이 고정된 것이라고 확신한다. 이들은 계획에 차질이 생긴 이유를 능력 결핍 탓으로 돌리는 경향이 있다. 그 일을 하는 게 어렵게 느껴진다면, 그것은 내가 그것에 유능하지 않기 때문인 게 틀림없어. 그 결과 집념을 잃는다. 너

무나 빨리 자신을 포기하고 만다. 그럴 의도가 없어
도 자신이 더 나아지는 건 불가능하다는 믿음을 더욱
강고하게 만들면서 말이다.

반면 능력의 성장을 믿는 이들은 계획에 차질이 생
길 경우 그 원인을 좀 더 통제 가능한 요소에서 찾는
다. 노력 부족, 잘못된 전략, 부실한 계획 등 언제든지
개선될 수 있다고 믿는 가운데 필요한 것을 재정비한
다. 이처럼 끝내 해내겠다는 집념 어린 태도 덕분에
그들은 더 큰 그림을 그릴 수 있다. 그리하여 마침내
훨씬 더 멋진 장기 목표를 성취한다.

최근 관련 연구 가운데 흥미로운 결과가 나왔다.
능력에 대한 고정실체론 지지자들의 경우, 능력을 향
상시키는 데 필요한 집념을 결여하고 있을 뿐만 아니
라, 실제로 향상이 이루어졌을 때 그들은 그것을 무

의식적으로 불안하게 여긴다는 것이다. 개선은 불가
능하다고 믿고 있는데 그런 일이 일어났기 때문이다.

　토론토 대학의 심리학과의 제이슨 플랙스Jason Plaks와
크리스틴 스테처Kristin Stecher 교수팀이 수행한 연구다.
그들은 실험에 참여한 대학생에게 난이도 높은 추론
문제를 내주었다. 첫 번째 시험을 치른 모든 학생에게
40등이라는 똑같은 피드백을 주었다. 그런 다음 학생
전원에게 문제를 푸는 요령과 힌트, 전략을 알려준 뒤
두 번째 시험을 치르게 했다. 시험이 끝난 뒤 대상을
두 그룹으로 나눠 한쪽엔 성적이 전혀 변동이 없었다
고 말해주고, 다른 한쪽엔 10등으로 올랐다고 말해주
었다.

　별로 놀라울 것도 없이 성적이 오른 학생 모두가
자신이 거둔 결과에 만족했다. 그러나 자신이 그렇

게 오를 리가 없다고 믿는 고정실체론을 지지하는 학생의 경우는 유의미한 수준으로 불안감이 상승한 것으로 나타났다. 불안감을 더 느낀 학생일수록 그들은 이어진 세 번째 시험에서 저조한 성적을 거두었다.

고정실체론 지지 학생들 가운데 성적이 향상되지 않았다고 들은 쪽이 오히려 향상되었다는 결과를 전해들은 학생들보다 세 번째 시험에서 더 나은 성적을 거두었다는 사실!

자신의 능력이 더 나아지리라 기대하지 않는다고 할 때 이것이 실제로도 더 나아지지 않는 쪽을 선호한다는 걸 의미하는 걸까? 난 그렇게 생각하지 않는다. 모든 이들은 향상을 반긴다. 다만 고정실체론 지지자의 경우 향상이라는 결과가 불안감을 동반한다는 것이다. 그 불안 때문에 향후의 수행 능력이 떨어진다. 실제로 성적이 향상된 적이 있었다 해도 그에 대한 확신조차 흔들릴 정도다.

돌아보니 이러한 연구 결과를 살펴보면서 나 자신의 삶을 새롭게 들여다볼 수 있었다. 내가 경험한 당구가 떠올랐다. 나는 내가 아주 하수임을 기꺼이 인정한다. 대학 시절 몇 번 당구를 쳐본 적이 있다. 비참한 수준이었다. 곧바로 난 그 게임을 실패한 것으로 여겼다. 그걸 잘하려면 손과 눈이 따로 놀면 안 되는데 내겐 그런 능력이 없다고 굳게 믿으면서 말이다. (이 대목에서 언급해야 할 것이 있다. 손과 발을 하나로 연결하는 능력에 관한 한 나는 그런 능력을 갖고 있지 않다는 걸 뒷받침할 오랜 기록을 보유하고 있다. 내가 열 살 때 오빠는 내게 뒷마당에서 공을 잡는 법을 가르쳐주려고 무진 애를 썼다. 나는 오빠가 던진 공을 얼굴로 받았다. 코가 부러졌다.)

수년 전 나는 당구라면 사족을 못 쓰는 남자와 데이트한 적이 있다. 그는 마침내 나를 설득해 어느 날

밤 근처에 있는 바에 데리고 가서 당구를 치게 만들었다. 시작하기 전 그는 내게 간단한 레슨을 해주었다. 큐대는 어떻게 쥐는지. 공을 칠 때는 어떻게 해야 하는지 등. 드디어 게임이 시작되었고 전혀 예상치 못한 일이 벌어졌다. 내가 너무 잘 친 것이다. 사실 나는 거의 그를 이길 뻔했다. 내 기억에 난 그때 너무 잘 치게 된 자신에 한껏 의기양양한 기분이었으면서 동시에 완전히 충격을 받은 상태였다. 정말로 내가 이 정도로 잘 치게 되었다고? 그게 어떻게 가능해? 난 이런 것엔 손방인데 말이야. 어쩌다 운이 좋아 얻어 걸린 걸 거야.

며칠 뒤 우리는 다시 당구를 쳤다. 나는 예전에 느껴보지 못한 긴장감을 느끼면서 당구대에 다가섰다. 형편없이 치게 될 거라고 생각하면서 말이다. 무슨 일이 일어났을까? 난 정말 아무 생각이 없었다. 너무나 긴장해서 그나마 있던 능력마저 하나도 발휘할 수 없었다. 공 하나만 집어넣으면 내 삶을 구할 수 있다 해도 그때 난 그럴 수 없었다. 아, 내 생각이 맞았어. 그때는 정말 요행이었던 거라고. 난 생각했다. 확신컨대 난 이런 것에는 영 소질이 없어.

맞다. 난 지금 당구 게임에 대해 이야기하고 있다. 그리고 그 능력이 삶을 바꾸는 결과를 낳게 할 정도는 아니라는 걸 잘 알고 있다. 그러나 그것이 만일 그 정도의 것이라면? 내가 만일 나의 당구 실력 대신 수학 능력을 당연한 실패로 여겼다면? 복잡한 컴퓨터 프로그램 이용법을 배우는 능력을 그렇게 치부했다면? 글을 쓰거나 리더십을 발휘하는 것에 그랬다면? 나의 창의력에 대해서, 위험을 감수하는 것에 대해서, 강력한 프레젠테이션을 하는 것에 대해서. 혹은 좀 더 사회적으로 유연한 대인 관계 능력을 갖추는 것에 대해서 당연히 나는 안 되는 것으로 여겼다면? 정말 중요한 문제에 관해서 결코 내가 더 나아질 수 없다고 믿었다면 어땠을까?

요컨대 무엇을 배울 기회든 더 나아지는 것이 가능하지 않다고 깊이 믿는다면 십중팔구 지속적인 성장을 경험하긴 어려울 것이다. 그럴 집념이 안 생기는 것이다. 만일 더 나아지는 것이 가능하지 않다면 노력이 무슨 의미가 있겠는가. 특히 돌아가는 상황이 녹녹치 않을 땐 더더욱 그렇다. 당신의 능력이 고정불변의 것이라 믿으면 그건 곧 현실을 자기가 예언한 대로 만드는 꼴이 된다. 결국 이런 자충수는 자기 불신으로 이어져 목표 달성의 확신도 의욕도 없는 자기 태만을 초래하게 될 것이다.

자신이 지닌 잠재력을 한껏 발휘하여 원하는 결과

를 성취해내기 위해서는 당신의 믿음 체계를 검토해보는 게 중요하다. 필요하다면 그 믿음에 도전장을 던져야 한다. 변화는 현실적으로 언제나 가능하다. 이를 뒷받침할 과학적 근거도 명확하다. 경험을 통해 향상시킬 수 없는 능력이란 건 없다. 향후 다음과 같이 생각하고 있는 자신을 발견하게 될지도 모르겠다. '그렇지만 이것은 정말 내가 못하는 거라고!' 그럴 땐 이 말을 기억하라. 당신은 아직 그걸 잘하지 못하는 것뿐이다.

● 성공 비법 실천하기

끝까지 해내겠다는 집념을 가져라

1.

일하면서 그건 능력 밖이라고 느껴지는 것이 있는가?
잠시 생각해보라. 솔직하게 들여다보라.

2.

이제 다음과 같은 질문을 스스로에게 던져보라. 마음속
깊이 그런 일을 더 잘할 수 있다고 믿는가? 아니면 빼도
박도 못한 채 지금 그 자리에서 움쭉달싹할 수 없다고
생각하는가? 만일 후자라면 당신의 그런 믿음은 제대로
실력 발휘를 못하게 발목을 잡을 것이다. 그 생각은 틀
렸기 때문이다. 염두에 둘 것은, 향상은 언제나 가능하
다는 사실이다.

3.

목표를 추구하다 말고 '능력은 역시 안 바뀐다'는 생각이 들면 그런 고정실체의 사고방식에 무릎을 꿇는 대신 정면으로 도전해보라. 당신의 역량을 개선하고 발전시키는 데 초점을 맞춰보는 것이다. 자연스럽게 기어이 목표를 성취하고자 하는 집념이 생길 것이다.

#7

의지력
근육을
키워라

Build Your
Willpower
Muscle

당신의 '자기조절 근육'은 마치 다른 신체 근육과 같아서 꾸준히 단련시키지 않으면 시간이 갈수록 점점 쇠약해진다. 하지만 그걸 잘 사용해서 규칙적으로 단련시켜 주면 자기조절 근육은 점점 더 강해지고 더 발달해서 당신이 성공적으로 목표를 이룰 수 있도록 해준다.

의지력을 키우고 싶은가? 그렇다면 도전해보라. 평소 같으면 솔직히 하지 않았을 일을 해보는 것이다. 고지방 간식을 내려놓는다거나 하루에 윗몸일으키기 100번 하기. 몸을 구부정하게 수그리고 있는 자신을 발견하면 똑바로 서기. 새로운 기술 배워 보기. 굴복하고 싶거나 포기하고 싶거나 혹은 굳이 하고 싶지 않더라도 그에 맞서기. 그저 딱 한 가지 행동부터 시작해보라. 그리고 문제가 생겼을 때 어떻게 대응할 것인지 계획을 짜보라.

'만일 간식이 너무 먹고 싶으면 난 신선하거나 말린 과일 한 조각을 대신 먹으리라.' 처음엔 어려울 것이다. 그러나 점점 쉬워질 것이다. 바로 이 점이 가장 중요하다. 그렇게 의지력이 점점 길러짐에 따라 더 많은 도전이 가능해진다. 자기 통제력을 단련시키는 한 차원 높은 단계로 올라서게 되는 순간이다.

해마다 우리가 씨름하고 있는 숱한 목표에는 한 가지 공통점이 있다. 유혹에 저항하기! 끊기로 한 담배나 도넛, 혹은 예산을 한방에 초과하게 만드는 신상 쇼핑과 같은 강력한 유혹을 무시하려고 애쓴다는 것은 강한 의지를 필요로 한다. 지루한 비용 보고나 깨알 같은 백서와 마주하고 있다 보면 페이스북을 확인

하고 싶고 이메일에 답장을 보내거나 게임을 하고 싶은 유혹을 떨치기 어렵다. 그 유혹을 이겨내려면 자제력을 발휘해야 한다. 또 누군가에게는 일터에서 동료의 '뭔 소린지 잘 모르겠는데!' 하는 소리에 혹은 실수를 저지른 부하직원 때문에 치밀어 오르는 성질을 억누르기 위해 더 많은 의지를 끌어 모아야 할 경우도 있다.

꽤 성공한 사람들은 짐작컨대 엄청난 의지력을 지니고 있을 터다. 당신은 그들이 굴복하지 않는 남다른 능력을 갖고 있을 것이라고 예상할지도 모르겠다. 사실은 그들이 오히려 여느 사람보다 더 유혹에 민감해 보인다. 여기서 잠깐 돌발퀴즈! 당신이 아는 유명하거나 영향력 있는 인사들 가운데 뭐든 잘 알려진 약점을 갖고 있지 않은 사람의 이름을 대보라. 얼마든 기다려줄 수 있다.

　　나라를 통치하는 데 필요한 의지력은 갖고 있으면서 담배나 프렌치프라이의 유혹을 물리칠 만한 의지력은 갖고 있지 못하다는 것은 얼핏 모순처럼 보일 수도 있다. 그러나 실제로 그렇지 않다는 것이 자제력의 본질에 대한 연구 결과다. 그 이유를 이해하기 위해서는 의지력이라는 것이 어떻게 작동하는지 이해할 필요가 있다.

　　자제력의 용량은 신체의 다른 근육의 경우와 다르지 않다. 이두박근이나 삼두박근과 같이 의지력은 그것의 힘을 다양하게 발휘할 수 있다. 사람마다 다를 수도 있지만 순간순간 다를 수도 있다. 아주 잘 발달된 이두박근도 때로는 힘든 운동 끝에 피로해져서 젤리 상태가 되는 경우도 있다. 당신의 의지력 '근육'도 그와 마찬가지다.

날마다 우리는 뭔가 결정을 해야 한다. 상대에게 좋은 인상을 주기 위해 애쓰기도 한다. 이처럼 일상의 사소한 행동조차 의지력 근육이라는 이 귀중한 자산을 쇠약하게 만들 수 있다. 업무나 가족에게서 받는 스트레스에 대처하는 매 순간 또한 마찬가지다. 의지력 근육에 한번에 너무 많은 부담을 주거나 오랫동안 지속적으로 부담을 주면 자제력의 샘은 점점 말라갈 것이다. 도넛이 의지를 이기는 현상은 바로 이러한 순간에 일어난다.

　좋은 소식이 있다. 의지력의 고갈이나 소모가 일시적으로만 일어난다는 사실이다. 그 근육이 복원될 수 있는 시간을 주면 다시 전투 태세로 돌아올 수 있다. 당신의 길을 가로막고 있는 도넛들에게 '안 돼!'라고 말해줄 준비를 다시 갖추게 된다는 뜻이다. 충분한 휴식을 취할 여건이 안 될 때도 있을 것이다. 그럴 땐 그저 당신이 알고 있는 엄청난 의지력을 지닌 사람들을 생각하는 것만으로도 실제로 자제력 회복에 박차를 가하거나 거의 남아 있지 않은 의지를 북돋을 수 있다. 최근 연구에서 밝혀진 사실이다.

누군가에게 잔소리를 퍼붓고 싶은 유혹을 느낄 때 나는 어머니를 떠올린다. 어떻게 사람이 그럴 수 있을까 싶을 정도로 침착한 그분. 어머니를 생각하는 것만으로도 내겐 기적 같은 일이 일어난다.

혹은 자기 자신에게 피로 회복용 혹은 기분 전환용 음료를 대접해볼 수도 있겠다. 칵테일을 사주라는 게 아니다. 그저 기분 좋게 만드는 것이라면 어떤 것도 좋다.

다시 한 번 말하지만 칵테일이 아니다. 알코올음료는 기분을 좀 끌어올려 주기는 하지만 의지를 고양시켜 주지는 않는다.

좋아하는 음악을 듣는다거나, 재미있는 비디오를

본다거나, 친한 친구를 부른다거나, 과거의 성공을
떠올려본다거나 하는 것처럼 당신의 기운을 북돋는
것이라면 어떤 것이든 자제력의 힘을 복원시키는 데
도움이 된다. 급할 때 활용하라.

의지력은 또 다른 측면에서 근육을 닮았다. 자신
의 충동을 조절하느라 고군분투 중인 우리 같은 이들
에겐 아주 멋진 소식이기도 하다. 시간이 갈수록 더
강하게 만들 수 있다는 사실이다. 만일 규칙적으로
단련만 시켜주면 말이다. 최근의 연구에서도 운동을
하거나 자신의 재정 상태 혹은 매일 무엇을 먹었는지
기록하는 것과 같은 일상 활동은 자제력의 용량을 늘
려주고 강화시켜 준다고 밝히고 있다. 혹은 알아차릴
때마다 곧바로 자세를 고쳐 앉기를 떠올리는 것만으
로도.

한 연구에서는 참여자에게 두 달간 무료로 사용

할 수 있는 헬스장 회원권을 주고 매일 운동 프로그램에 빠짐없이 참여하게 했다. 그 결과 신체적으로도 더 건강해졌을 뿐만 아니라 담배도 덜 피우게 되었고, 술도 덜 마시게 되었으며, 군것질도 덜하게 되었다. 그들은 자신의 성질도 더 잘 다스릴 수 있게 되었다. 충동적으로 돈을 쓰는 일도 줄어든 듯했다. 싱크대에 설거지할 그릇을 쌓아두지도 않았다. 일을 미루지도 않았다. 약속을 지키지 못하는 사례도 줄었다. 사실상 의지력을 필요로 했던 그들 삶의 모든 영역에서 긍정의 변화가 극적인 수준으로 나타난 것이다.

자, 당신은 어떤가? 의지력을 좀 더 키우고 싶다면 당신의 삶과 목표에 부합하는 딱 하나의 활동을 골라 지금 당장 시작해보라. 멈추고 싶은 습관이 있다면 지금부터 그 행동을 안 하는 것부터 시작해보는 거다. 그런 다음 이 활동을 하루 세 끼 챙기듯 매일 챙겨야 하는 일로 만들어라.

과거 연구 조사를 보면 즐기던 단 음식 끊기, 악담 자제하기, 평소 안 쓰던 손으로 문을 열거나 칫솔질 하기, '나'로 시작하는 문장 피하기와 같은 사례를 소개하고 있다. 하지만 자제력 강화 훈련용 활동이 따로 있는 것이 아니다. 충동과 욕구를 극복하는 것이면 어떤 것을 선택해도 된다. 평소 같으면 안 했을 혹은 안 하고 싶었을 그런 행동 말이다. 당신이 어떤 습관을 갖고 있느냐에 따라 달라질 것이다. 아침마다 일어나서 침대 정리하기 혹은 페이스북 하는 시간 제한하기 정도라면 시작하기에 적당하지 않을까 싶다. 처음엔 쉽지 않을 것이다. 그러나 계속하면 시간이 갈수록 덜 힘들어진다. 그러는 과정 속에서 당신의 자제력 용량이 늘어나기 때문이다.

자제력 근육을 강화시켜라

1.

의지력은 쓰다 보면 고갈되어 간다. 저장 탱크가 비었다면 새로운 자제력 도전에 임하기 전 휴식을 통해 충분히 충전할 수 있는 시간을 자신에게 주라.

2.

의지력 회복에 박차를 가할 수 있는 방법도 있다. 기운을 북돋기 위해 뭔가를 하거나 잘한 행동에 대해서는 스스로 보상을 해주는 것이다. 혹은 당신이 알고 있는 이들 가운데 자제력이 강한 누군가를 떠올리는 것만으로도 의지력을 회복하는 데 도움이 된다.

3.

의지력 근육은 규칙적인 훈련을 통해 점점 발달한다. 금

연이라든가 급격한 감량과 같이 엄청난 의지가 필요한
목표일 경우에는 시작하기 전에 먼저 규칙적이면서도
너무 힘들지 않은 수련을 통해 의지력 근육부터 강화시
켜라. 매일 챙겨야 할 일상사 목록에 의지력을 키우는
도전을 넣어라.

예를 들면 일어나서 침대 정리하기. 똑바로 앉기. 엘리
베이터 대신 층계 오르기. 거기서부터 의지력을 키워
가라.

#8

무모하게
굴지
마라

Don't
Tempt Fate

의지력 근육은 얼마나 강해질 수 있을까. 그것과 상관없이 반드시 유념해야 할 두 가지. 의지력에는 한계가 있다는 것과 만일 과도한 부담을 주면 일시적으로 기력이 바닥나게 될 것이라는 사실이다. 가능하면 한 번에 두 가지 목표에 매달리지 마라. 가령 금연과 감량에 동시 도전하는 것은 금물이다. 또 하나. 걸림돌이 될 만한 것을 멀리하라. 목표를 성취하는 것이 훨씬 쉬워질 것이다. 많은 이들은 자신이 유혹을 잘 이겨내는 편이라고 지나치게 확신한다. 그 결과 스스로를 숱한 유혹이 도사리고 있는 상황에 처하게 만든다. 하지만 작심하면 해내는 이들은 다르다. 그들은 현재 상황에서 목표 달성을 어렵게 만드는 상황을 안 만들려면 어떻게 해야 하는지 알고 있다.

유혹에 저항한다는 것은 그 어떤 목표든 성공적으로 달성하는 과정에서 아주 중요한 부분이다. 때로는 하고 싶은 것이 해야 할 것과 완전히 상충되는 경우가 있다. 이렇게 말하면 납득이 안 될 수도 있을 텐데, 유혹을 이겨낸다는 게 쉽지 않게 느껴진다면 제일 먼저 해야 할 일은 당신의 의지력에 한계가 있다는 사실을 받아들이는 것이다. 의지력 근육을 단련시키는 것은 그 다음이다. 규칙적으로 단련해서 그 힘을 키운다고 해도 의지력이라는 건 항상 제한적일 수밖에 없다. 그 근육이 얼마나 큰지 상관없이 여전히 과로의 위험이 있다는 걸 염두에 두라.

문제는 대부분의 사람이 자신이 실제보다 더 큰 의지력을 지니고 있다고 생각한다는 것이다. 그 결과 목표 달성을 그르칠 수 있는 행동을 한다. 스스로 충분히 통제할 수 있으리라 여기며 유혹에 무방비 상태로 자신을 방치하는 것이다.

금연 관련 연구에서는 이미 3주간 금연을 실천한 참가자(이쯤 되면 신체적으로 흡연 모드에서 꽤 벗어난 상태가 된다)를 대상으로 향후 담배를 피우고 싶은 욕망을 과연 잘 이겨낼 수 있을지 얼마나 확신하느냐고 물어보았다. 이어서 담배를 피우고 싶은 충동이 일 때 그 유혹을 물리칠 계획을 세워놓았는지 여부도 물었다. 예를 들면 담배 피우는 친구들과 함께 놀러 나갔을 경우처럼. 관찰 결과 그들이 유혹을 잘 이겨낼 것이라고 확신하면 할수록 더 많이 무모하게 굴게 되더라는 것이다. 몇 달 뒤 자신의 의지력을 과대평가했던 이들은 과거의 습관대로 다시 담배를 피웠다. 반면에 유혹을 잘 피해낸 흡연자의 경우 그보다 낮은 재발률을 나타냈다.

엄청난 용량의 의지력 저장고를 지니게 되었다고

하더라도 일터에서 중요하지도 않은 급한 불 끄느라 오랫동안 시달리다 보면, 결국에는 의지가 바닥나고 말 것이다. 이 때문에 '해피 아워'Happy Hour'(술집 등에서 할인이나 무료로 제공되는 영업 시간 또는 회사나 대학에서의 비공식적인 모임의 시간-옮긴이)라는 게 있는 것이다. 자기 자신을 속이지 마라. 특히 스트레스를 심하게 느낄 때는 평소 하던 대로 해내려면 여간 힘든 게 아닐 것이다. 바로 그 때문에 언제 당신이 가장 기진맥진하고 유약해졌다고 느끼는지 잠시 생각해보는 게 매우 중요하다. 그런 다음 자신이 자칫 그릇된 행동을 하지 않도록 조건부 계획을 세워보는 것이다. 이때 계획에 차질이 생길 경우를 대비하여 대안이나 분위기 전환 계획, 혹은 격려용 저칼로리 간식 등을 준비해두었다가 상황에 따라 활용하라.

아울러 스스로에게 되도록 한 번에 두 가지 목표에

매달리지 않도록 요청하라. 그런 상황에선 한꺼번에 너무 많은 자제력이 요구되기 때문이다. 이건 정말 화를 자초하는 셈이다.

　예를 들어보자. 금연을 시도하는 동안 다이어트를 하려고 애쓰는 사람이 있다. 담배를 끊으면 일시적으로 몸무게가 느는데 이를 피하기 위해서다. 그러나 관련 연구에 따르면 동시에 두 가지 목표에 도전한 사람은 한 번에 한 가지씩 도전한 사람에 비해 두 가지 계획 모두 실패할 확률이 더 높다고 한다.

　마지막으로 염두에 두어야 할 것이 있다. 어떤 행동을 끊겠다고 작정했을 때는 단칼에 그만두는 편이 마지못해 찔끔찔끔 멈추는 것보다 훨씬 쉽다는 사실이다. 오래 시간을 끌수록 더 많은 자제력이 필요한 법이다. 만일 '어쩌다 보니 섹스까지' 가고 싶지 않다면 가장 좋은 방법은 키스에서 멈추는 것이다. 몸무

게를 줄이려고 한다면 가장 좋은 방법은 감자칩이 그
득 담긴 간식통을 못 본 척하는 것이다.

"장담하건대 아마 딱 하나만 먹을 수는 없을 걸
요!Betcha can't eat just one."라는 슬로건을 기억하라. 레이즈
Lay's(전 세계적으로 유명한 감자칩 브랜드)의 말이 농담이 아니다.

● 성공 비법 실천하기

끊어야 할 것이라면 시작도 하지 마라

1.

내버리고 싶은 나쁜 습관이 있는가? 억누르고 싶은 충동이 있는가? 그렇다면 잠시 생각해보라. 그런 유혹에 가장 넘어가기 쉬운 순간이나 상황이 언제인가? 그런 순간이나 상황을 피할 수 있겠는가? 그렇다면 어떻게 피하겠는가?

2.

만만찮은 의지력이 필요한 도전이라면 한 번에 한 가지씩!
해마다 새해 아침 새로운 각오를 다짐할 때 딱 한 가지에만 도전한 사람이 훨씬 더 성취할 가능성이 높다.

3.

절대 그래서는 안 되는데 너무나 즐기게 되는 그 무엇
앞에서 '딱 하나만!' '조금만!'이라는 생각은 버려라. 아예
손을 대지 않는 편이 쉽다. 재미는 좀 덜하겠지만 훨씬
쉽다.

#9

하지 않겠다는 것보다
하겠다는 것에
집중하라

Focus on
What You Will
Do, Not What
You Won't Do

원하는 대로 승진하고 싶은가? 담배를 끊고 싶은가? 욱하는 성질을 억누를 수 있기를 원하는가? 그렇다면 비생산적인 행동을 좀 더 건설적이고 이로운 행동으로 대신할 방법을 궁리해보라. 사람들은 꽤나 자주 끊고 싶은 행동을 멈추는 데 온갖 노력을 기울인다. 그 행동이 사라진 빈 곳을 무엇으로 채울지 미처 생각해두지도 않은 채 말이다.

생각의 억제에 대한 실험이 있다. "흰 곰을 생각하지 마!"와 같은 것이다. 이와 같은 실험에서 알 수 있는 것은 어떤 생각을 하지 않으려고 노력할수록 마음속에 그 생각이 더 활성화된다는 것이다. 행동도 같은 원리가 적용된다. 무엇인가를 하지 않으려고 애쓸수록 그 충동은 사라지기는커녕 더욱 강화된다.

뭔가 행동방식을 바꿔보고자 한다면 자신에게 먼저 물어볼 일이다. 그 대신 나는 무엇을 할 것인가? 만일 성질을 좀 다스려서 벌컥벌컥 화내는 걸 그만두고 싶다면 다음과 같은 계획을 세워볼 일이다. '화가 나기 시작한 것처럼 느껴지면 심호흡을 세 차례 해서 자신을 진정시켜 보겠다.' 또 분노에 자신을 내주는 대신 심호흡을 활용함으로써 성공을 방해하는 충동이 완전히 사라질 때까지 시간을 갖고 점점 잦아들게 만드는 것이다.

목표 달성을 도와줄 '조건부 계획'을 세우기로 결심했다면 다음에 해야 할 일은 그 계획을 실행할 때 상황이 정확히 어찌 돌아갈지 가늠해보는 것이다. 최근 연구에 따르면 계획을 세울 때 어떤 방식으로 단어를 골라 쓸지 매우 신중할 필요가 있다. 조건부 계획 가운데 어떤 특정 유형은 예상을 뒤엎고 실패로 이어지게 만들 수도 있기 때문이다. 처음에는 어떻게든 피해 보려고 무진 애쓰던 행동을 결국엔 그게 무엇이건 간에 더 하게 될 수도 있다는 것이다.

네덜란드의 유트레흐트Utrecht 대학 연구진은 조건부 계획을 세 가지 유형으로 나눈다. 첫째 유형은 조건부 대체 계획Replacement if-then plan이다. 이름이 보여주는 그대로 하는 것이다. 부정적 태도를 좀 더 긍정적으로 대체하기. 혹시 당신은 눈앞에 닥치는 모든 기회를 바로바로 넙죽 받는 편인가? 만일 그렇다면 결국엔 한 화덕에 너무 많은 솥단지를 올려놓는 꼴이 되곤 할 것이다. 그 경우 다음과 같은 방식으로 조건부 대체 계획을 세워볼 수 있다. '만일 새로운 프로젝트를 제안받는다면 대답하기 전에 적어도 24시간 정도는 숙고해볼 것이다.' '24시간 숙고한다'는 건 일종의 대체 태도다. 평소 하던 대로 하다가는 문제 상황에

봉착하게 되는 행동을 대체하기 위해 현실적으로 좀
더 쉽게 적응할 만한 대응책을 설계해두는 것이다.

둘째 유형은 조건부 무시 계획Ignorance if-then plan이다.
원하지 않는 감정 상태를 차단하는 데 주력하는 계획
이다. 예를 들어 강렬한 욕구나 수행 능력에 대한 불
안 혹은 자기불신이 느껴질 때를 대비해 다음과 같은
계획을 세울 수 있다. '만일 담배를 피우고 싶은 충동
이 들면 나는 그것을 무시할 것이다.' 이 경우 원하지
않는 충동이나 생각을 딴 데로 돌려 버리겠다고 계획
하는 것만으로도 그것의 영향을 줄일 수 있다.

마지막으로 셋째 유형은 조건부 부정 계획Negation if-
then plan이다. 이 유형은 앞으로 취하지 않을 행동을 자
세히 적시하는 것이다. 만일 고치고 싶은 태도가 있
다면 그저 이 행동을 취하지 않겠다고 계획만 해도

효과가 있다. '쇼핑몰에 가게 되면 나는 어떤 것도 사지 않겠다.' 이것은 어떤 의미에서 부정적 충동을 가장 직접적이고 정면으로 다루는 방법이다. 아마도 우리가 가장 자주 쓰게 되는 방식일 것이다.

조건부 계획의 세 가지 유형을 실험해본 연구가 있다. 결과는 놀라우면서도 일관성이 있다. 조건부 부정 계획은 다른 두 가지 유형과 비교해서 그다지 효과적이지 않을 뿐만 아니라 때때로 원래대로 되돌리는 결과를 초래하기도 한다는 사실이다. 금지된 태도를 그전보다 더 강화시킨다는 것이다.

"흰 곰을 생각하지 마!" 실험처럼 생각 억제에 관한 연구가 밝혀낸 결과에 따르면, 머릿속에서 특정 생각이 일어나는지 아닌지 지속적으로 감시하는 것은 오히려 그 생각을 더 하게 만든다. 그와 마찬가지로 조건부 부정 계획 또한 억눌린 태도에 지속적으로 집중하게 만든다. 역설적이게도 충동적 행동에 빠지지 않겠노라고 계획하는 것만으로도 그 충동은 억제되기는커녕 더 강렬해진다. '내가 쇼핑몰에 가게 되면 나는 아무것도 사지 않을 것이다'와 같은 계획이 그렇다. 결국은 엄청난 돈을 쓰고 있는 자신을 발견할 것이다.

기억해두길 바란다. 목표를 달성하기 위해 당신에게 필요한 것은 성공을 방해하는 태도를 어떻게 긍정적으로 대체할지 계획하는 것이다. 버려야 할 나쁜 행동에만 초점을 두지 마라는 뜻이다. 조건부 계획에서 중요한 점은 무엇을 하지 않을 것인가가 아니라 무엇을 할 것인가다.

● 성공 비법 실천하기

무엇을 할 것인가에 집중하라

1.

우리가 세운 목표 대부분이 무엇인가를 하지 않겠다는 쪽이다. 과식하지 않기. 과로하지 않기. 늦게 자지 않기. 너무 방어적이지 않기. 그러나 이런 식으로 목표를 생각하는 것은 실제로 우리의 자기태만 충동을 약화시키기보다 강화시키는 역효과를 야기할 수 있다. 무엇을 그만두겠다는 목표 대신 새로운 무엇을 시작하겠다는 목표로 관점을 바꿔보라. 그 대신 무엇을 할 것인지 결정하라.

2.

일단 바람직하지 않은 태도를 대체할 좋은 태도를 결정했다면 이제 조건부 계획을 세울 차례다.

내가 _____충동을 느끼게 되면 그때 나는

그 대신 _____ 할 것이다.

나오는 글

우리 대부분은 최고의 기량을 지닌 사람을 보면 남다른 눈길로 바라본다. 업계의 수장들, 정치적 권력가들, 미술·영화·음악 등 예술 분야에서의 거물들. 그들의 성공을 '천재', '능력자', '천부적 재능' 등과 같은 말로 설명한다. 만일 '천재', '능력자', '천부적 재능'과 같은 그 말들이 어떻게 작동하는지 이해하고 있다면 그렇게 불러도 좋다.

하지만 그 말들이 마치 성공 유전자 복권에 당첨되었다는 것과 같은 의미라면? 작심하는 대로 성취해 낸다는 것은 그런 게 아니다. 그것은 현명한 선택을 한다는 것이고 적절한 전략을 활용한다는 것이며, 그 전략을 제때 행동으로 옮긴다는 것이다.

많은 연구 결과로 밝혀진 바와 같이 IQ처럼 소위 '타고난' 능력을 측정하는 것으로는 누가 성공할지 예측하기 어렵다. 반면에 효과적인 전략 사용이라든가 끈기와 같은 것을 보면 정상까지 올라갈 사람이 누구

일지 예측하는 데 훨씬 도움이 된다.

작심하면 해내는 사람들은 매우 구체적으로 목표를 세운다. 그리고 그 목표를 이루기 위해 언제 어떤 행동을 취해야 할지 그 기회를 놓치지 않는다. 조건부 계획과 같은 효과적인 전략을 활용하기도 한다. 그들은 항상 어느 정도까지 밀고 나아가야 하는지 그 한계를 잘 알고 있다. 그리고 다음에 해두어야 할 일에 집중한다. 그들은 자신들이 성공하리라 믿는다. 하지만 그 과정이 결코 쉽지만은 않으리라는 사실을 받아들인다. 그들은 목표 달성이라는 것이 당장 모든 것을 완벽하게 해보려 하기보다 일이 차츰 진척되어 나아가도록 하는 과정임을 염두에 두고 있다. 그들은 노력을 통해 그들의 역량을 발전시킬 수 있으리라 믿는다. 그런 믿음 덕분에 힘든 상황에 직면해서도 집념 어린 태도로 임할 수 있다. 그들은 의지력을 단련하는 데도 열심이다. 의지가 약해졌을 때 어떻게 대처할지도 미리 계획해둔다. 되도록 도처에 유혹이 많은 곳에 자신을 방치하지 않으려고 노력한다. 그들은 무엇보다 하지 말아야 할 것보다 해야 할 일에 집중한다.

그들의 이런 행동들 가운데 당신이 할 수 없는 것은 단 하나도 없다.

과학적으로 입증된 전략과 관련하여 개인의, 혹은 업무상 성공을 이루는 데 도움이 될 만한 게 꽤 있다. 나의 책 〈기회가 온 바로 그 순간(Succeed: How We Can Reach Our Goals)〉에 그 전략을 소개해두었다.

들어가는 글

p8

작심하면 해내는 사람들의 남다른 행동 9가지. 이 책의 주제다. 그들이 목표를 세우고 수행해나갈 때 활용하는 성공 전략에 관한 책이다. 때로 자신이 그러고 있는 줄도 모른 채 그들은 그렇게 행동한다. 앞서 언급한 수십 년간의 조사 연구에 따르면 그 전략이야말로 성공적인 목표 달성에서 가장 큰 영향력을 발휘한다.

Gordon B. Moskowitz and Heidi Grant, eds, 〈The Psychology of Goals〉 New York: Guildford Press(2009).

Chapter 1

p17

수천 편의 연구가 보여주는 결과도 같은 맥락이다. 그 목표가 어떤 것이든 '구체적 구상'이야말로 성취하는 데 가장 결정적인, 그러나 자주 간과되는 단계 중 하나라는 것이다.

Edwin A. Locke and Gary P. Latham, "Building a Practically Useful Theory of Goal Setting and Task Motivation: A 35-Year Odyssey," American Psychologist 57, no. 9(2002): 705-717.

p22

나는 동료와 함께 다양한 상황에 처한 다양한 집단을 대상으로 성취에 대한 조사 연구를 수행한 바 있다.

Angela Lee Duckworth, Heidi Grant, Benjamin Loew, Gabriele Oettingen, and Peter M. Gollwitzer, "Self-Discipline in Adolescents: Benefits of Mental Contrasting and Implementation Intention," 〈Educational Psychology: An International Journal of Experimental Educational Psychology〉 31, no. 1 (2011): 17-26.

Chapter 2

p31

다이어트나 운동, 협상이나 시간 관리에 이르기까지 이에 대한 백 편이 넘는 연구 결과를 보면

Peter M. Gollwitzer and Paschal Sheeran, "Implementation Intentions and Goal Achievement: A Meta-Analysis of Effects and Processes," 〈Advances in Experimental Psychology〉 38 (2006): 69-119.

p35

이러한 계획은 얼마나 효과적일까? 규칙적으로 운동하는 습관을 목표로 하는 이들을 관찰한 연구가 있었다.

Sarah Milne, Sheina Orbell, and Paschal Sheeran, "Combining Motivational and Volitional Interventions to Promote Exercise Participation: Protection Motivation Theory and Implementation Intention," 〈British Journal of Health Psychology〉 7, no. 2 (May 2002): 163-184.

Chapter 3

p48

최근 연구 조사에서는 처음으로 뭔가에 감을 잡아보려고 할 때는 자기 점검에 지나치게 매달리지 말 것을 제안한다.

Chak Fu Lam D. Scott DeRue, Elizabeth P. Karam, and John R. Hollenbeck, "The Impact of Feedback Frequency on Learning and Task Performance: Challenging the 'More is Better' Assumption," 〈Organizational Behavior and Human Decision Processes〉 116, no. 2 (November 2011): 217-228.

p50

미국 시카고 대학교 심리학과 구민정 교수와 에일럿 피시바흐Ayelet Fishbach 팀의 최근 연구 결과를 소개한다.

Minjung Koo and Ayelet Fishback, "Dynamics of self-Regulation: How (Un) accomplished Goal Actions Affect Motivation," 〈Journal of Personality and Social Psychology〉 94, no. 2 (February 2008): 183-195.

Chapter 4

p64

비현실적인 낙관주의의 위험을 명확하게 보여주는 예 가운데 하나가 몸무게 감량에 대한 연구 결과다.

Gabriele Oettingen and Thomas A. Wadden, "Expectation, Fantasy, and Weight Loss: Is the Impact of Positive Thinking Always Positive?" 〈Cognitive Therapy and Research〉 15, no. 2 (1991): 167-175.

p65

외팅겐 교수가 발견한 이 같은 패턴의 결과는 대학 졸업 후 고소득 직업을 갖길 원하는 학생, 변치 않은 사랑을 찾는 싱글, 고관절 수술을 받고 회복 중인 어르신을 대상으로 하는 연구에서도 동일하게 나타났다.

Gabriele Oettingen and Doris Mayer, "The Motivating Function of Thinking about the Future: Expectations versus Fantasies," 〈Journal of Personality and Social Psychology〉 83, no. 5 (November 2002): 1198-1212.

p69

기존 연구에 따르면 이러한 방식은 특히 걱정 많은 수험생이나 시합을 앞둔 초조한 육상선수들이 확신을 키우는 데 매우 효과적인 전략이다.

Anja Achtziger, Peter M. Gollwitzer, and Paschal Sheeran, "Implementation Intentions and Shielding Goal Striving From Unwanted Thoughts and Feelings," 〈Personality and Social Psychology Bulletin〉 34, no. 3 (March 2008): 381-393.

Chapter 5

p80

한 가지 예로 나의 경험을 나누겠다. 몇 년 전의 일이다. 리하이 대학교Lehigh Univ.에서 로라 질러티Laura Gelety 교수와 공동으로 진행한 연구가 있다.

Gordon B. Moskowitz and Heidi Grant, eds, 〈The Psychology of Goals〉 New York: The Guildford Press, 2009.

p82

사실 최근 일련의 연구들만 봐도 그렇다. 흥미는 당신이 지치더라도 계속 나아가게 해주는 원동력이 된다. 그뿐 아니라 실질적으로 기운을 북돋워 재충전하는 기능도 한다.

Dustin B. Thoman, Jessi L. Smith, and Paul J. Silvia, "The Resource Replenishment Function of Interest," 〈Social Psychological and Personality Science〉 2, no. 6 (November 2011): 592-599.

Chapter 6

p93

스탠포드 대학 심리학과 캐롤 드웩Carol Dweck 교수는 연구를 통해 다음의 결과를 얻어냈다. 사람들은 능력의 본질에 대한 두 가지 이론 중 하나를 지지한다는 사실이다.

Carol S. Dweck, 〈Mindset: The New Psychology of Success〉 New York: Ballantine Books, 2008.

Chapter 7

p115

충분한 휴식을 취할 여건이 안 될 때도 있을 것이다. 그럴 땐 그저 당신이 알고 있는 사람들 가운데 엄청난 의지력을 지닌 사람들을 생각하는 것만으로도 실제로 자제력 회복에 박차를 가하거나 거의 남아 있지 않은 의지를 북돋을 수 있다. 최근 연구에서 밝혀진 사실이다.

Michelle R. vanDellen and Rick H. Hoyle, "Regulatory Accessibility and Social Influences on State Self-Control," 〈Personality and Social Psychology Bulletin〉 36, no. 2 (February 2010): 251-263.

p117

한 연구에서는 참여자에게 두 달간 무료로 사용할 수 있는 헬스장 회원권을 주고 매일 운동 프로그램에 빠짐없이 참여하게 했다.

Megan Oaten and Ken Chang, "Longitudinal Gains in Self-Regulation from Regular Physical Exercise," 〈British Journal of Health Psychology〉 11, no. 4 (November 2006): 717-733.

p120

과거 연구 조사를 보면 즐기던 단 음식 끊기, 악담 자제하기, 평소 안 쓰던 손으로 문을 열거나 칫솔질하기, '나'로 시작하는 문장 피하기와 같은 사례를 소개하고 있다.

Roy F. Baumeister, Matthew Gailliot, C. Nathan DeWall, and Megan Oaten, "Self-Regulation and Personality: How Interventions Increase Regulatory Success, and How Depletion Moderates the Effects of Traits on Behavior," 〈Journal of Personality〉 74, no. 6 (December 2006): 1773-1802.

Chapter 8

p129

금연 관련 연구에서는 이미 3주간 금연을 실천한 참가자(이쯤 되면 신체적으로 흡연 모드에서 꽤 벗어난 상태가 된다)를 대상으로 향후 담배를 피우고 싶은 욕망을 과연 잘 이겨낼 수 있을지 얼마나 확신하느냐고 물어보았다.

Loran F. Nordgren, Frenk van Harreveld, and Joop van der Pligt, "The Restraint Bias: How the Illusion of Self-Restraint Promotes Impulsive Behavior," 〈Psychological Science〉 20, no. 12 (December 2009): 1523-1528.

Chapter 9

p143

최근 연구에 따르면 계획을 세울 때 어떤 방식으로 단어를 골라 쓸지 매우 신중할 필요가 있다.

Marieke A. Adriaanse, Johanna M. F. van Oosten, Denise T. D. de Ridder, John B. F. de Wit, and Catharine Evers, "Planning What Not to Eat: Ironic Effects of Implementation Intentions Negating Unhealthy Habits," 〈Personality and Social Psychology Bulletin〉 37, no. 1 (Jnuary 2011): 69-81.

나오는 글

p151

많은 연구 결과로 밝혀진 바와 같이 IQ처럼 소위 '타고난' 능력을 측정하는 것으로는 누가 성공할지 예측하기 어렵다.

Angela L. Duckworth and Martin E. P. Seligman, "Self-Discipline Outdoes IQ in Predicting Academic Performance of Adolescents," 〈Psychological Science〉 16, no. 12 (December 2005): 939-944.